HEYNE BÜCHER

ESOTERISCHES WISSEN

Von Louise L. Hay sind erschienen in der Reihe
HEYNE ESOTERISCHES WISSEN

Gesundheit für Körper und Seele · Band 08/9542
Das Körper- und Seele-Programm · Band 08/9588
Wahre Kraft kommt von innen · Band 08/9604
Umkehr zur Liebe, Rückkehr zum Leben ·
Band 08/9613
Du bist dein Heiler! · Band 08/9905
Liebe das Leben wie dich selbst · Band 08/9921

Louise L. Hay

Tage der Freude, Tage der Kraft

Gedanken zu Wandel und Einkehr

Deutsche Erstausgabe

WILHELM HEYNE VERLAG
MÜNCHEN

HEYNE ESOTERISCHES WISSEN
Herausgegeben von Michael Görden
08/9922

Aus dem Amerikanischen übertragen von
Thomas Görden

Originaltitel:
WEEKLY ENGAGEMENT CALENDARS
A YEAR OF CHANGE 1994/
A YEAR OF ADJUSTMENT 1995
erschienen bei Hay House, Inc.,
Carson, California, USA

2. Auflage

Printed in Germany 1996
Umschlaggestaltung: Atelier Adolf Bachmann, Reischach
Umschlagillustration: Comstock Fotoagentur, Berlin
Satz: Schaber Satz- und Datentechnik, Wels
Druck und Bindung: Presse-Druck Augsburg

ISBN 3-453-08745-3

Wandel

VIELE VON IHNEN beginnen ein neues Jahr mit einer Reihe von guten Vorsätzen. Doch da Sie zu innerem Wandel nicht bereit sind, ist es mit den guten Vorsätzen meist rasch wieder vorbei. Solange Sie sich innerlich nicht wandeln und nicht an Ihrer geistigen Entwicklung arbeiten, wird sich auch an Ihren äußeren Lebensumständen nichts ändern. Alles, was Sie ändern müssen, sind Ihre Gedanken - nur Ihre Gedanken. Sogar wenn Sie sich selbst hassen, ist dieser Haß lediglich ein Gedanke.

Was können Sie im neuen Jahr Positives für sich tun, das Sie im vergangenen Jahr nicht für sich getan haben? Gibt es etwas, an das Sie sich im letzten Jahr klammerten, wovon Sie sich aber im neuen Jahr gerne lösen möchten? Welche Veränderungen wünschen Sie sich in Ihrem Leben? Sind Sie bereit, die nötige Arbeit zu tun, um diese Veränderungen herbeizuführen?

Einkehr

WENN SIE SICH SELBST LIEBEN und sich auf positive Energien konzentrieren, können Sie darauf vertrauen, daß sich in jedem neuen Jahr die Dinge stets zu Ihrem Besten entwickeln. Sicher haben Sie auch schon Leute sagen hören, daß Ihnen die Zeit heute, wo sie älter werden, viel schneller zu verstreichen scheint als früher in der Kindheit. Vielleicht liegt das daran, daß wir viel zu selten innehalten, um uns an der Schönheit und den Wundern des Lebens zu freuen. Aus Gewohnheit und Bequemlichkeit nehmen wir alles als selbstverständlich hin.

Versuchen Sie im neuen Jahr doch einmal, ob Sie nicht die Zeit ein wenig verlangsamen können, indem Sie die unvergleichlichen visuellen Eindrücke und die Klänge der Welt wirklich würdigen und in sich aufnehmen. Vielleicht hilft Ihnen dieses Buch dabei, all die wunderbaren Dinge und Menschen, von denen Sie umgeben sind, in einem neuen Licht zu sehen. Denken Sie daran, daß jeder Tag ein kostbares Geschenk voller Wunder ist.

LOUISE L. HAY

Gedanken des Wandels

Wenn Unehrlichkeit Disharmonie in unser Leben bringt, wie groß muß dann erst der harmonisierende Einfluß von Liebe und Ehrlichkeit sein?

LOUISE L. HAY

1. WOCHE

Gedanken des Wandels

AFFIRMATION

❖

Andere zu lieben ist leicht, wenn ich mich selbst liebe und akzeptiere.

❖

Gedanken der Einkehr

Seien Sie immer geduldig mit sich. Versuchen Sie, nicht wütend zu werden. Schließlich wollen Sie sich doch aufbauen, und nicht niedermachen! Nutzen Sie regelmäßige Zeiten der inneren Einkehr. Seien Sie sich bewußt, daß Sie stets sicher und geborgen sind. Auch wenn es anfangs nicht den Anschein hat, werden Sie doch allmählich lernen, daß das Leben es immer gut mit Ihnen meint. Machen Sie sich klar, daß es Ihnen möglich ist, gefahrlos und friedlich von der alten Ordnung in die neue Ordnung hinüberzugehen.

LOUISE L. HAY

1. WOCHE

Gedanken der Einkehr

AFFIRMATION

❖

Ich kann gefahrlos wachsen und mich entfalten.

❖

Gedanken des Wandels

Ich empfehle immer wieder, Gebrauch von Affirmationen zu machen. Eine Affirmation ist eine positive Aussage, mit der Sie Ihr persönliches Potential bekräftigen. Wenn Sie mit Affirmationen arbeiten, ist das, wie wenn Sie in einem Restaurant Ihr Essen bestellen. Wir geben in der *kosmischen Küche* unsere ›Bestellung‹ auf, und der große Küchenchef, unsere Höhere Kraft, bereitet sie für uns zu. Sie vertrauen also darauf, daß man Ihnen Ihr Essen bringen wird, sobald es fertig ist. Unterdessen fahren Sie einfach mit Ihrem Leben fort, denn Sie wissen ja, daß Ihre ›Bestellung‹ aufgegeben wurde und nun in Arbeit ist. Angenommen, das ›Essen‹ wird Ihnen serviert, und es ist nicht genau das, was Sie bestellt hatten. Wenn Sie Selbstachtung besitzen, lassen Sie es zurückgehen; haben Sie keine Selbstachtung, essen Sie es trotzdem. Wenn Sie nicht genau das Gewünschte bekommen, *dürfen* Sie sagen: »Nein, damit bin ich nicht zufrieden.« Beschreiben Sie dann genau, was Sie sich wünschen. Vielleicht haben Sie sich ja bei Ihrer ersten Bestellung unklar ausgedrückt.

LOUISE L. HAY

2. WOCHE

Gedanken des Wandels

AFFIRMATION

❖

Ich vertraue dem Lauf des Lebens.

❖

Gedanken der Einkehr

Als Kinder hatten wir keinen großen Einfluß darauf, was mit uns geschah. Doch wenn wir erwachsen werden, sind wir selbst es, die entscheiden, was wir denken, woran wir glauben, und ob wir unsere Herzen öffnen oder nicht. Wir haben die Wahl.

LOUISE L. HAY

2. WOCHE

Gedanken der Einkehr

AFFIRMATION

❖

Ich vertiefe und erweitere ständig mein Verständnis.

❖

Gedanken des Wandels

Ich glaube, daß alle Menschen gleich sind. Wenn wir über *die da* sprechen, sprechen wir immer über *uns*, denn wir sind das Volk, wir sind der Staat, wir sind die Kirchen, und wir sind der Planet. Wir sind alle umgeben von einem unendlichen Vorrat an Liebe und Respekt.

LOUISE L. HAY

3. WOCHE

Gedanken des Wandels

AFFIRMATION

❖

Ich bin eins mit jedem Menschen auf diesem Planeten.

❖

Gedanken der Einkehr

Wenn wir mit der Arbeit an uns selbst beginnen, werden die Dinge manchmal zunächst schlechter, statt besser. Wenn das geschieht, ist es völlig in Ordnung; es zeigt, daß ein Veränderungsprozeß begonnen hat. Alte Fäden werden entwirrt. Vertrauen Sie sich einfach dem Prozeß an, der sich nun vollzieht. Beharren Sie nicht auf einer sofortigen Änderung zum Besseren. Wenn Sie ungeduldig sind, behindern Sie damit den Lernprozeß. Ungeduld bedeutet, daß Sie ans Ziel gelangen wollen, ohne zuvor die nötige Entwicklung durchzumachen. Gehen Sie Schritt vor Schritt vor. Sie werden feststellen, daß die Arbeit dann mit der Zeit einfacher wird.

LOUISE L. HAY

3. WOCHE

Gedanken der Einkehr

AFFIRMATION

❖

Alles wendet sich letztlich zum Guten.

❖

Gedanken des Wandels

Fehler sind wie die Sprossen einer Leiter. Sie sind wertvoll, weil sie Ihnen dabei helfen, zu lernen und Fortschritte zu machen. Sie sollten sich nicht selbst bestrafen, wenn Sie einen Fehler machen. Wenn Sie bereit sind, aus dem Fehler zu lernen und sich weiterzuentwickeln, dann bringt er Sie auf dem Weg der Selbsterfüllung einen Schritt voran.

LOUISE L. HAY

4. WOCHE

Gedanken des Wandels

AFFIRMATION

❖

*Ich vertraue darauf,
daß mich meine
innere Weisheit sicher
durchs Leben führt.*

❖

Gedanken der Einkehr

Wir müssen endlich erkennen, daß jeder von uns auf diesem Planeten etwas beizutragen hat, ganz gleich ob er schwarz oder weiß, alt oder jung ist. Jedem von uns wurde eine einzigartige Kombination von Talenten mit auf den Weg gegeben. Wir sollten gegenseitig unsere Einzigartigkeit anerkennen und uns dafür einsetzen, daß jeder Mensch die Chance erhält, seine besonderen Gaben mit der Welt zu teilen.

LOUISE L. HAY

4. WOCHE

Gedanken der Einkehr

AFFIRMATION

❖

Meine einzigartigen kreativen Talente können sich frei entfalten, und ich verleihe ihnen auf eine für mich tief befriedigende Weise Ausdruck.

❖

Gedanken des Wandels

Nehmen Sie sich jetzt einen Moment Zeit, stellen Sie sich vor einen Spiegel und sagen Sie Ihrem inneren Kind, daß Sie für es da sind: »Ich bin für dich da. Ich liebe dich. Ich liebe dich wirklich.« Vielleicht haben Sie das schon einmal zu dem Erwachsenen in Ihnen gesagt. Sagen Sie es jetzt auch zu dem kleinen Kind in Ihnen. Stellen Sie sich vor, daß Sie es an der Hand nehmen und ein paar wunderschöne, verspielte und vergnügte Tage mit ihm verbringen.

LOUISE L. HAY

5. WOCHE

Gedanken des Wandels

AFFIRMATION

❖

Liebevoll umarme ich mein inneres Kind.

❖

Gedanken der Einkehr

Denken Sie Gedanken, die Sie glücklich machen. Tun Sie Dinge, bei denen Sie sich wohlfühlen. Suchen Sie die Gesellschaft von Menschen, die Sie inspirieren. Essen Sie Dinge, die gut für Ihren Körper sind. Gehen Sie in einem für Sie angenehmen Tempo durchs Leben. Lieben Sie, was Sie sind und was Sie tun. Lachen Sie über sich und über das Leben, dann kann Ihnen nichts geschehen. Es ist sowieso alles nur vorübergehend. Im nächsten Leben werden Sie es anders machen – also können Sie es doch ebensogut auch jetzt schon anders machen, nicht wahr?

LOUISE L. HAY

5. WOCHE

Gedanken der Einkehr

AFFIRMATION

Ich entscheide mich jetzt dafür, mir selbst ein guter, liebevoller Freund zu sein.

Gedanken des Wandels

Die meisten von uns wollen, daß sich ihr Leben verändert, doch wenn man uns sagt, daß wir dafür selbst etwas tun müssen, sagen wir: »Warum ich? Warum soll ich mein Verhalten ändern?« Es ist einfacher, von den anderen zu fordern, daß *sie* sich ändern. Aber in Wahrheit müssen natürlich alle Veränderungen in unserem Leben aus uns selbst heraus kommen.

LOUISE L. HAY

Gedanken des Wandels

AFFIRMATION

❖

Ich bin auch inmitten großer Veränderungen immer sicher und geborgen.

❖

Gedanken der Einkehr

Jemand rempelt Sie auf der Straße von hinten an. Wütend drehen Sie sich um und wollen dem Schuldigen ein paar passende Worte sagen. Doch dann sehen Sie, daß der, der Sie anrempelte, blind ist. Diese Erkenntnis bewirkt, daß sich Ihr Ärger sofort in Luft auflöst.

LOUISE L. HAY

6. WOCHE

Gedanken der Einkehr

AFFIRMATION

❖

Ich betrachte meine Denk- und Verhaltensmuster ganz ohne Scham oder Schuldgefühle und nehme die nötigen Änderungen vor.

❖

Gedanken des Wandels

Wie liebt man andere Menschen? Akzeptieren Sie sie so, wie sie sind. Gestatten Sie ihnen, sie selbst zu sein. Versuchen Sie nicht länger, sie zu ändern. Lassen Sie sie sich auf ihre eigene Weise entwickeln. Wir können anderen Menschen nicht das Lernen abnehmen. Wenn ihr Verhalten schädlich für uns ist, können wir uns dafür entscheiden, ihnen aus dem Weg zu gehen - und das ist völlig in Ordnung. Es zeigt, daß wir uns selbst lieben, wenn wir uns nicht von selbstzerstörerischen Menschen herunterziehen lassen. Wenn es in unserer Umgebung viele negative Menschen gibt, sollten wir einmal darüber nachdenken, welches Muster in uns diese Menschen anzieht.

LOUISE L. HAY

7. WOCHE

Gedanken des Wandels

AFFIRMATION

❖

Meine Liebe ist grenzenlos.

❖

Gedanken der Einkehr

Ich bin bereit dazuzulernen, denn ich bin nicht allwissend. Ich bin bereit, mich von alten Konzepten zu trennen, wenn sie nicht länger hilfreich für mich sind. Ich bin bereit, meine Situation in einem neuen Licht zu betrachten und zu sagen: »Ich will nicht länger auf diese Weise handeln.« Ich weiß, ich kann noch mehr zu dem werden, was ich bin. Sich zu entwickeln und zu verändern ist aufregend, auch wenn ich zunächst einigen schmerzlichen Wahrheiten ins Gesicht sehen muß, damit eine Weiterentwicklung möglich wird.

LOUISE L. HAY

Gedanken der Einkehr

AFFIRMATION

❖

*Ich bin bereit,
mich meinen Problemen
zu stellen und die
nötigen Veränderungen
vorzunehmen.*

❖

Gedanken des Wandels

Die Vergangenheit existiert nur in unseren Köpfen und in unserer Art, uns an früher Erlebtes zu erinnern. Der Kraftpunkt befindet sich immer im gegenwärtigen Augenblick. In *diesem* Augenblick leben wir. In *diesem* Augenblick fühlen wir. In *diesem* Augenblick machen wir unsere Erfahrungen. Was wir jetzt, in diesem Moment tun, legt den Grundstein für unsere Zukunft. Also müssen wir immer *jetzt* unsere Entscheidungen treffen. Wir können nie in der Zukunft handeln, und wir können nie gestern handeln. Alles Handeln geschieht immer in der Gegenwart. Es kommt allein darauf an, was wir *jetzt* denken, glauben und sagen.

LOUISE L. HAY

8. WOCHE

Gedanken des Wandels

AFFIRMATION

Die Vergangenheit ist vorbei und hat keine Macht über mich.

Gedanken der Einkehr

Beziehungen sind wunderbar, und die Ehe ist wunderbar, doch das alles ist nur vorübergehend und muß irgendwann enden. Die einzige Person, mit der ich auf ewig zusammensein werde, bin ich selbst. Meine Beziehung zu mir selbst wird nie aufhören. Also bin ich mein eigener bester Freund. Jeden Tag nehme ich mir die Zeit, Verbindung zu meinem Herzen aufzunehmen. Ich werde innerlich ruhig und spüre, wie meine Liebe durch meinen Körper strömt und Angst und Schuldgefühle auflöst. Ich weiß, daß ich untrennbar mit einem Universum verbunden bin, das mich und alle anderen Menschen bedingungslos liebt. Indem ich in mir Raum für die Liebe schaffe, ziehe ich liebevolle Menschen und erfreuliche Ereignisse an. Ich befreie mich jetzt endlich von anerzogenen Vorstellungen darüber, wie ideale Liebesbeziehungen angeblich auszusehen hätten.

LOUISE L. HAY

Gedanken der Einkehr

AFFIRMATION

❖

Ich lasse in meinem Leben viel Raum für die Liebe.

❖

Gedanken des Wandels

Glauben Sie nicht, daß Sie auf diesem Planeten sind, um zu leiden. Glauben Sie statt dessen, daß für all Ihre Bedürfnisse überreich gesorgt ist – daß es genug Nahrung und Wasser gibt, und genug Menschen, damit Sie nie einsam sind.

LOUISE L. HAY

9. WOCHE

Gedanken des Wandels

AFFIRMATION

*Es gibt genug
für alle,
auch für mich.*

Gedanken der Einkehr

Wenn Ihnen etwas Unerfreuliches passiert, ist *Verstehen* oft wichtiger als *Handeln.* Wenn Ihr Denken sich in eine andere Richtung bewegt und Sie die Dinge in einem neuen Licht sehen, werden sich auch die äußeren Umstände ändern.

LOUISE L. HAY

9. WOCHE

Gedanken der Einkehr

AFFIRMATION

*Jeder neue Augenblick
bietet mir die
wunderbare Möglichkeit,
noch mehr zu dem
zu werden, was ich bin.*

Gedanken des Wandels

So viele von uns fürchten sich davor, alt zu werden und alt auszusehen. Wir haben das Altern zu etwas Furchteinflößendem und Häßlichem gemacht. Dabei ist es ein normaler und natürlicher Teil des Lebens. Wir müssen uns entweder mit unserem Altwerden abfinden, oder den Planeten vorzeitig verlassen. Es ist ja gut und schön, wenn wir uns selbst lieben, solange wir jung sind. Aber warum lieben wir uns nicht auch dann noch, wenn wir älter werden? Jugend und Alter gehören untrennbar zu unserem Dasein. Wir sind auf diesem Planeten, um alle Aspekte des Lebens kennenzulernen.

LOUISE L. HAY

Gedanken des Wandels

AFFIRMATION

❖

Ich bin immer zufrieden mit meinem Alter.

❖

Gedanken der Einkehr

Wenn Sie eine Angewohnheit haben, die nicht zu Ihrem Besten ist, sollten Sie sich fragen, welchen Nutzen Sie aus ihr ziehen. Was haben Sie von dieser Angewohnheit? Was würde passieren, wenn Sie sie aufgeben? Viele Menschen antworten darauf: »Mein Leben wäre dann besser.« Warum glauben Sie, kein besseres Leben verdient zu haben?

LOUISE L. HAY

10. WOCHE

Gedanken der Einkehr

AFFIRMATION

❖

Ich befreie mich von Angewohnheiten, die sich negativ auf mein Leben auswirken.

❖

Gedanken des Wandels

So wie aus der Erde immer wieder neue Pflanzen hervorsprießen, bringt auch mein Geist ständig neue Gedanken und Ideen hervor. Ich weiß, daß Liebe, Mitgefühl und Verständnis in mir auf fruchtbaren Boden fallen und gedeihen. Und mit mir gedeiht auch meine Welt. Liebe, Mitgefühl und Verständnis werden in mir stärker und stärker und strahlen auf meine Umgebung aus. Alle Menschen in meiner Nähe werden liebevoller, weil ich selbst Liebe in mir habe.

LOUISE L. HAY

11. WOCHE

Gedanken des Wandels

AFFIRMATION

Mein Leben wandelt sich stetig zum Besseren.

11. WOCHE

Gedanken der Einkehr

Alle Menschen verdienen ein glückliches, erfülltes Leben. Wie die meisten Menschen glaubte ich früher, ich hätte lediglich ein kleines bißchen Glück verdient. Nur wenige Menschen glauben, sie hätten es verdient, VOLLKOMMEN GLÜCKLICH zu sein. Wo haben wir gelernt, unser Glück einzuschränken? Den meisten von uns wurde beigebracht, daß man im Leben nur dann Gutes zu erwarten hat, wenn man seinen Spinat aufißt, sein Zimmer aufräumt, sich die Haare kämmt, seine Schuhe putzt, keinen Lärm macht und so weiter. Solche Dinge zu lernen mag wichtig sein, aber sie entscheiden nicht über den Wert eines Menschen. Wir müssen uns bewußtmachen, daß wir alle, unabhängig von solchen Äußerlichkeiten, in jedem Fall ein wundervolles Leben verdienen. Bejahen Sie: ICH BREITE MEINE ARME AUS UND BEKRÄFTIGE LIEBEVOLL, DASS ICH VOLLKOMMENES GLÜCK VERDIENE.

LOUISE L. HAY

Gedanken der Einkehr

AFFIRMATION

❖

Ich weiß, daß ich ein glückliches, erfülltes Leben verdiene.

❖

Gedanken des Wandels

Vergebung bereitet den meisten von uns Probleme. Jeder, der sich selbst nicht wirklich liebt und akzeptiert, tut sich schwer damit. Doch erst die Vergebung öffnet unsere Herzen für die Selbstliebe.

Viele von uns tragen jahrelang Grollgefühle mit sich herum. Selbstgerecht beklagen wir uns über das, was die *anderen* uns angetan haben. Ich nenne das »im Gefängnis des selbstgerechten Grolls festsitzen«. So sind wir zwar im Recht, aber unglücklich. Wir müssen versuchen zu verstehen, daß alle Menschen stets gemäß ihrer momentanen Möglichkeiten handeln, mit dem Wissen, der Bewußtheit und Einsicht, die ihnen gegenwärtig zur Verfügung steht.

LOUISE L. HAY

12. WOCHE

Gedanken des Wandels

AFFIRMATION

❖

Die Vergangenheit liegt hinter mir. Jetzt, in diesem Moment, bin ich frei, mich von ihr zu lösen.

❖

Gedanken der Einkehr

Treffen Sie ständig positive Feststellungen darüber, wie Sie sich Ihr Leben wünschen. Dabei sollten Sie einen Punkt ganz besonders beachten: *Formulieren Sie diese Affirmationen immer in der GEGENWART,* sagen Sie also »ich bin« oder »ich habe«. Ihr Unterbewußtsein ist Ihnen ein so gehorsamer Diener, daß Ihre Wünsche, wenn Sie sie in der Zukunftsform formulieren, also »ich will« oder »ich werde haben«, auch für immer dort bleiben werden – in der Zukunft, außerhalb Ihrer Reichweite.

LOUISE L. HAY

1 2 . W O C H E

Gedanken der Einkehr

A F F I R M A T I O N

❖

Ich denke positive Gedanken, weil jede Zelle meines Körpers auf alle meine Gedanken und alle meine Worte reagiert.

❖

Gedanken des Wandels

Um heil zu werden, müssen Sie alle Teile Ihres Selbst akzeptieren. Öffnen Sie also Ihr Herz und schaffen Sie dort viel Platz für alles, was in Ihnen ist. Für das, worauf Sie stolz sind, und für das, weswegen Sie sich schämen. Für das, was Sie ablehnen, und für das, was Sie lieben. Das alles gehört zu Ihnen. Sie sind schön, so wie Sie sind. Wir alle sind schön. Wenn Ihr Herz von Liebe zu Ihrem Selbst erfüllt ist, dann gibt es so viel, das Sie mit anderen teilen können.

LOUISE L. HAY

13. WOCHE

Gedanken des Wandels

AFFIRMATION

❖

Ich akzeptiere meine Einzigartigkeit.

❖

Gedanken der Einkehr

Ich heiße den Frühling willkommen. Ich pflanze und säe neu, und mache den Frühling so zu einer Zeit der freudigen Erwartung. Ich weiß, daß sich die Dinge in Rechter Göttlicher Ordnung befinden und alles zur rechten Zeit und am rechten Ort geschieht. Ich freue mich am neuen Wachstum. Wandel und Überraschung bereichern jetzt das Leben. Das Leben erwacht und Schönheit ist überall. Voller Freude begrüße ich alles, was ich sehe. Es ist eine Zeit der Freude und der Gesundung.

LOUISE L. HAY

13. WOCHE

Gedanken der Einkehr

AFFIRMATION

❖

*Ich werde mir
der Schönheit bewußt,
von der
ich umgeben bin.*

❖

Gedanken des Wandels

Was man fühlt, kann man auch heilen. Wenn Sie nicht fühlen, was in Ihnen vorgeht, wissen Sie nicht, wo Sie mit Ihrer Selbstheilung anfangen sollen.

LOUISE L. HAY

14. WOCHE

Gedanken des Wandels

AFFIRMATION

Meine Heilung ist bereits voll im Gang.

Gedanken der Einkehr

Jetzt ist ein guter Zeitpunkt, um Raum für Neues zu schaffen. Entrümpeln Sie Ihren Kühlschrank; werfen Sie alles Zeugs hinaus, daß Sie schon über ein halbes Jahr nutzlos herumstehen haben. Sie sollten nichts aufbewahren, das Sie das ganze Jahr nicht benutzen. Vollgestopfte Schränke bedeuten einen vollgestopften Geist. Wenn Sie in Ihren Schränken aufräumen, sollten Sie sich dabei gleichzeitig sagen: »Ich schaffe Ordnung in den Schränken meines Geistes.« Das Universum liebt symbolische Handlungen.

LOUISE L. HAY

14. WOCHE

Gedanken der Einkehr

AFFIRMATION

❖

Jede Veränderung in meinem Leben kann mich zu neuen Ebenen der Erkenntnis führen.

❖

Gedanken des Wandels

In der Unendlichkeit des Lebens ist alles heil und vollkommen. Ich glaube jetzt nicht länger an alte Grenzen und Mängel. Von jetzt an sehe ich mich, wie das Universum mich sieht: heil und vollkommen. So wurde ich erschaffen; das ist die Wahrheit meines Seins. Von jetzt an lebe ich gemäß dieser Erkenntnis. Ich bin zur rechten Zeit am rechten Ort und handele auf richtige Weise. Alles ist gut in meiner Welt.

LOUISE L. HAY

1 5 . W O C H E

Gedanken des Wandels

A F F I R M A T I O N

❖

Wie immer
meine äußere Situation
sein mag, ich bin
stets heil
und vollkommen.

❖

Gedanken der Einkehr

Wenn Sie schon auf andere Leute hören, dann hören Sie wenigstens auf die Gewinner. Hören Sie auf diejenigen, die wissen, was sie tun, und die Richtigkeit ihrer Ansichten durch erfolgreiches Handeln unter Beweis stellen.

LOUISE L. HAY

1 5 . W O C H E

Gedanken der Einkehr

A F F I R M A T I O N

❖

Das Universum
unterstützt unterschiedslos
alle Gedanken, für
die ich mich entscheide.
Daher wähle
ich positive Gedanken.

❖

Gedanken des Wandels

Ihre Erfahrungen spiegeln immer wider, woran Sie glauben. An Ihren Erfahrungen können Sie ganz buchstäblich ablesen, welche Glaubenssätze Sie hegen. Es mag sein, daß das eine etwas beunruhigende Erkenntnis für Sie ist, aber wenn Sie sich einmal die Menschen in Ihrem Leben unvoreingenommen anschauen, werden Sie feststellen, daß jeder von ihnen einen Glaubenssatz widerspiegelt, den sie über sich selbst hegen. Wenn Sie bei der Arbeit ständig kritisiert werden, liegt das vermutlich daran, daß Sie selbst zu kritisch sind und in die Rolle des Elternteiles geschlüpft sind, von dem Sie als Kind immer wieder kritisiert wurden.

Alles in unserem Leben spiegelt wider, wer wir sind. Wenn uns etwas Unerfreuliches widerfährt, gibt uns das die Möglichkeit, nach innen zu blicken und zu sagen: *»Wie trage ich zu dieser Erfahrung bei? Was in mir glaubt, daß ich so etwas verdiene?«*

LOUISE L. HAY

Gedanken des Wandels

AFFIRMATION

❖

*Ich nutze meine Macht
und erschaffe
liebevoll meine Realität.*

❖

Gedanken der Einkehr

Wir alle glauben, daß bestimmte Aspekte unserer Person inakzeptabel und nicht liebenswert sind. Wenn wir wirklich wütend auf Teile unseres Selbst sind, dann bestrafen wir uns, indem wir uns selbst Schaden zufügen. Wir trinken oder essen zuviel, nehmen Drogen, rauchen oder was auch immer. Zum Schlimmsten, das wir uns antun können, gehört Selbstkritik. Das schadet uns mehr als alles andere. Wir sollten jede Form der Kritik unterlassen.

LOUISE L. HAY

16. WOCHE

Gedanken der Einkehr

AFFIRMATION

❖

Ich setze meine Kräfte klug ein. Ich bin stark. Ich bin beschützt und geborgen. Alles ist gut.

❖

Gedanken des Wandels

Der Mensch, dem zu vergeben Ihnen am schwersten fällt, kann Sie oft etwas besonders Wichtiges lehren. Wenn Sie sich selbst genug lieben, um die alte Situation hinter sich zu lassen, fällt es Ihnen leicht, zu verstehen und zu vergeben. Dann sind Sie frei.

LOUISE L. HAY

17. WOCHE

Gedanken des Wandels

AFFIRMATION

❖

Ich vergebe und löse mich von der Vergangenheit.

❖

Gedanken der Einkehr

Die Macht, von der wir erschaffen wurden, hat uns mit allem versorgt, was wir brauchen. Es liegt an uns, dieses Geschenk zu akzeptieren und uns seiner würdig zu erweisen. Alles, was gegenwärtig Teil unseres Lebens ist, ist da, weil es von uns akzeptiert wurde. Wenn wir etwas anderes wollen, bekommen wir es nicht, indem wir uns beklagen; wir bekommen es nur, indem wir unser Bewußtsein erweitern.

LOUISE L. HAY

17. WOCHE

Gedanken der Einkehr

AFFIRMATION

❖

Das Leben unterstützt jeden meiner Schritte. Ich erhalte Nahrung, Kleidung, Obdach und Liebe auf Wegen, die mich mit Freude und Frieden erfüllen.

❖

Gedanken des Wandels

Sehen Sie Ihre Mutter als Zehnjährige, wie sie versuchte, mit den verwirrenden Ansichten, Geboten und Verboten in ihrer Familie zurechtzukommen. Auch sie wuchs mit vielen einander widersprechenden Vorstellungen auf und mußte ihren eigenen Weg finden. Niemand in der Schule brachte ihr bei, wie man eine gute Ehe führt. Und man lehrte sie auch nicht, eine gute Mutter zu sein. Ihre Beziehungen zu anderen Menschen und ihre Art, Sie zu erziehen, basiert auf dem, was sie als Kind zu Hause erlebte. Wenn Sie es so betrachten, wird Ihnen klar, daß sie Ihnen eine so gute Mutter war, wie sie es unter den gegebenen Umständen nur konnte. Je besser Sie Ihre Mutter verstehen, desto mehr Liebe wird es zwischen Ihnen beiden geben.

LOUISE L. HAY

18. WOCHE

Gedanken des Wandels

AFFIRMATION

❖

Die Liebe
zwischen meiner Mutter
und mir wächst,
und wir verstehen uns
immer besser.

❖

Gedanken der Einkehr

Wenn ich merke, daß ich mich selbst kritisiere oder herabsetze, halte ich sofort inne, tauche ein in den tiefen Brunnen der Liebe in meinem Herzen und konzentriere mich ganz auf diese heilende innere Kraft. Dann läuft in meinem Leben wieder alles wunderbar, und ich fühle mich erfrischt und leicht.

LOUISE L. HAY

18. WOCHE

Gedanken der Einkehr

AFFIRMATION

❖

Gutes strömt jetzt auf bekannten und auf neuen Wegen in mein Leben.

❖

Gedanken des Wandels

SIE SIND SUPER!

Es gibt Sie auf dem ganzen Planeten nur einmal. Es hat noch nie jemanden wie Sie gegeben, und wird auch nie wieder jemanden wie Sie geben. Sie sind eine einmalige, göttliche Schöpfung.

LOUISE L. HAY

19. WOCHE

Gedanken des Wandels

AFFIRMATION

❖

Ich feiere meine Einzigartigkeit und weiß, daß ich geliebt werde.

❖

Gedanken der Einkehr

Als Erwachsene neigen wir dazu, das emotionale Umfeld unserer Kindheit nachzuahmen. Wir projizieren unser Verhältnis zu unserer Mutter und unserem Vater oder das Verhältnis, das sie zueinander hatten, auf unsere heutigen Beziehungen zu anderen Menschen, weil wir es nicht besser wissen. Wir haben nichts anderes gelernt.

LOUISE L. HAY

19. WOCHE

Gedanken der Einkehr

AFFIRMATION

❖

*Ich lasse die
Vergangenheit hinter mir
und blicke optimistisch
in die Zukunft.*

❖

Gedanken des Wandels

Viele von uns scheinen stets eifersüchtig, ängstlich, traurig oder von Schuldgefühlen geplagt durchs Leben zu gehen. Wir entwickeln gewohnheitsmäßige Denk- und Verhaltensmuster, die zu einer ständigen Wiederholung jener Erfahrungen führen, von denen wir uns doch eigentlich befreien wollen.

Wenn Sie sich wütend, traurig, ängstlich oder eifersüchtig fühlen, aber nicht den Ursachen für diese Gefühle auf den Grund gehen, werden Sie nur immer neue Wut, Traurigkeit, Angst und Eifersucht produzieren. Hören wir dagegen damit auf, uns als Opfer zu sehen, gewinnen wir die Macht über unser Leben zurück. Wir müssen bereit sein, unsere jeweilige Lektion zu lernen, damit das Problem verschwinden kann.

LOUISE L. HAY

20. WOCHE

Gedanken des Wandels

AFFIRMATION

❖

Ich befreie mich jetzt von allen destruktiven Ängsten und Zweifeln.

❖

Gedanken der Einkehr

Falls Sie ein sehr negativer Mensch waren, der sich selbst und anderen durch ständige Kritik das Leben schwermachte, kann es einige Zeit beanspruchen, sich zu einer liebevollen und liebenswürdigen Person zu wandeln. Seien Sie geduldig mit sich. Ärgern Sie sich nicht, wenn es scheinbar nicht schnell genug geht.

LOUISE L. HAY

20. WOCHE

Gedanken der Einkehr

AFFIRMATION

❖

Ich bin bereit,
mich von der Gewohnheit,
ständig alles und jeden
kritisieren zu müssen,
zu befreien.

❖

Gedanken des Wandels

Seien Sie stets bereit, Gutes zu empfangen. Manchmal im Leben gibt uns das Universum etwas, das wir gerade dringend benötigen, und wir sind nicht in der Lage, uns dafür erkenntlich zu zeigen. Machen Sie sich deshalb keine Vorwürfe. Zu einem späteren Zeitpunkt in Ihrem Leben werden Sie bestimmt in der Lage sein, ihrerseits einem anderen Menschen zu helfen.

LOUISE L. HAY

21. WOCHE

Gedanken des Wandels

AFFIRMATION

Ich akzeptiere alles Gute, das mir vom Universum geschenkt wird.

Gedanken der Einkehr

Es ist äußerst wichtig, sich um eine offene, klare Kommunikation mit seinen Kindern zu bemühen, ganz besonders in der Zeit ab dem zehnten Lebensjahr. Doch leider bekommen Kinder, wenn sie offen ihre Meinung äußern, meistens nur Folgendes zu hören: »Sag doch sowas nicht! Das gehört sich nicht! Dein Benehmen ist unmöglich! Nein, nein, nein!« Also werden die Kinder verschlossen und reden nicht mehr offen mit ihren Eltern. Ein paar Jahre später, wenn die Kinder groß sind, beklagen sich dieselben Eltern dann: »Meine Kinder rufen mich nie an.« Und warum rufen sie nicht an? Weil ihnen die Eltern den Eindruck vermittelten, mit ihnen sei kein offenes Gespräch möglich.

LOUISE L. HAY

Gedanken der Einkehr

AFFIRMATION

❖

Ich pflege eine offene, klare Kommunikation mit allen Menschen in meiner Umgebung.

❖

22. WOCHE

Gedanken des Wandels

Es gibt so viel Liebe in dieser Welt, und wir haben so viel Liebe in unseren Herzen, doch manchmal vergessen wir das. Manchmal glauben wir, es gäbe nicht genug davon. Dann behalten wir unsere Liebe für uns und haben Angst, sie anderen zu schenken. Doch wer bereit ist dazuzulernen, erkennt schon bald, daß wir um so mehr Liebe in uns haben und von anderen empfangen, je mehr wir selbst davon verschenken. Liebe ist unerschöpflich.

Die Liebe ist das beste Heilmittel. Ohne Liebe könnten wir gar nicht überleben. Wenn Säuglinge keine Liebe und Zuneigung erhalten, kümmern sie dahin und sterben. Die meisten von uns glauben, ohne Liebe überleben zu können, aber das ist unmöglich. Unsere Liebe zu uns selbst ist die Kraft, die uns heilt. Leben Sie diese Liebe, so gut Sie nur können.

LOUISE L. HAY

2 2. W O C H E

Gedanken des Wandels

A F F I R M A T I O N

❖

Unaufhörlich gebe und empfange ich Liebe.

❖

Gedanken der Einkehr

Ich erinnere mich bewußt immer wieder daran, daß es für jedes Problem eine Lösung gibt. Ich mache mir klar, daß ich auch mit meinem gegenwärtigen Problem fertig werden kann. Wenn ich es so betrachte, ist es nur vorübergehender Natur. Ich höre damit auf, mich selbst zu bemitleiden. Ich bin bereit, die jetzt für mich anstehende Lektion zu lernen und mich für das Gute zu öffnen, das mir das Universum zu bieten hat. Ich bin bereit, mich zu verändern. Ich muß nicht immer im voraus wissen, wie die Dinge sich entwickeln. Ich kann vertrauen, und ich kann verstehen. Alles ist gut.

LOUISE L. HAY

Gedanken der Einkehr

AFFIRMATION

❖

Ich bin im Frieden mit meiner Welt. Ich bin im Frieden mit mir selbst.

❖

Gedanken des Wandels

Denken Sie immer daran: Wir können uns *weigern*, bestimmte Gedanken zu denken. Überlegen Sie einmal, wie oft Sie sich schon geweigert haben, positiv von sich zu denken. Nun, ebensogut können Sie sich auch weigern, negativ von sich zu denken.

LOUISE L. HAY

2 3. W O C H E

Gedanken des Wandels

A F F I R M A T I O N

❖

Ab jetzt entscheide ich mich bewußt dafür, nur noch gut von mir zu denken.

❖

Gedanken der Einkehr

Wenn wir mit Affirmationen arbeiten, um Gutes in unserem Leben zu erschaffen, und ein Teil von uns glaubt, wir verdienten dieses Gute nicht, werden sich diese Affirmationen nicht verwirklichen. Dann sagen wir schließlich enttäuscht: »Affirmationen funktionieren nicht.« Doch unser Mißerfolg hat gar nichts mit den Affirmationen zu tun, sondern mit unserer Überzeugung, wir hätten nichts Gutes verdient.

LOUISE L. HAY

2 3 . W O C H E

Gedanken der Einkehr

A F F I R M A T I O N

❖

Ich bin bereit, mich von meinem Minderwertigkeitskomplex zu lösen. Ich entfalte jetzt alle Talente, die mir ins Leben mitgegeben wurden.

❖

Gedanken des Wandels

Kleinen Jungen wird beigebracht, hart zu sein und ihre Gefühle nicht zu zeigen. Sie schämen sich oft, wenn sie weinen. Ihrem Vater wurde von seinen Eltern beigebracht, sich männlich zu benehmen. Möglicherweise herrschte in seinem Elternhaus eine strenge Disziplin. Und er sah, wie sein Vater seine Mutter behandelte. Als folgsamer Sohn wandte er dann vielleicht bei Ihrer Erziehung die gleichen Methoden an.

Fragen Sie ihn danach, wie seine Kindheit war. Möglicherweise werden seine Antworten Sie überraschen. Denken Sie daran, daß er sich nach Kräften bemühte, gemäß den Einsichten und Erkenntnissen, die das Leben ihm vermittelte.

LOUISE L. HAY

24. WOCHE

Gedanken des Wandels

AFFIRMATION

❖

Ich empfinde Liebe und Mitgefühl für meinen Vater.

❖

Gedanken der Einkehr

Um positive Veränderungen herbeiführen zu können, muß man zunächst einmal verstehen. Diejenigen unter uns, die eine sehr schwere Kindheit hatten, haben um sich herum dicke Schutzwälle errichtet. Doch hinter diesen Mauern lebt in ihnen immer noch das kleine Kind, das sich danach sehnt, so, wie es ist, geliebt und akzeptiert zu werden. Ohne daß von ihm verlangt wird, sich zu ändern und anzupassen. Was auch immer in Ihrer Kindheit geschehen sein mag, beginnen Sie noch heute damit, Ihrem inneren Kind Zuwendung zu schenken, damit es aufblüht und sich wirklich geliebt fühlt.

LOUISE L. HAY

2 4. W O C H E

Gedanken der Einkehr

A F F I R M A T I O N

❖

Ich schenke
mir reichlich Liebe
und Zuwendung.

❖

Gedanken des Wandels

Mit den Jahreszeiten wandelt sich die uns umgebende Welt. Alles verändert sich unaufhörlich. Und wenn wir auch unsere Vergangenheit nicht mehr ändern können, so können wir doch unsere Einstellung gegenüber unserer Vergangenheit verändern. Wie dumm ist es doch, wenn wir uns selbst in der Gegenwart immer wieder bestrafen, weil wir von einem anderen Menschen vor langer Zeit einmal verletzt wurden.

LOUISE L. HAY

25. WOCHE

Gedanken des Wandels

AFFIRMATION

Die Vergangenheit ist vorbei. Ich lebe in der Gegenwart und sehe einer herrlichen Zukunft entgegen.

Gedanken der Einkehr

Ich entspanne mich in der Wärme des Sommers. Ich betrachte mein Leben und sehe überall nur Schönheit. Alles in voller Blüte zu sehen erfüllt mich mit Freude. Die ganze Natur ist friedlich und ruhig. Es ist eine gute Zeit, innere Einkehr zu halten.

LOUISE L. HAY

25. WOCHE

Gedanken der Einkehr

AFFIRMATION

❖

*Ich bin vom Leben begeistert!
Energie und Optimismus erfüllen mich.*

❖

Gedanken des Wandels

Eine Krankheit ist eine Botschaft unseres Körpers, ein Hinweis darauf, daß etwas, das wir glauben, tun oder denken, nicht wirklich unserem Wohl dient.

LOUISE L. HAY

2 6 . W O C H E

Gedanken des Wandels

A F F I R M A T I O N

❖

Die Liebe hilft mir, meinen Körper völlig gesund zu erhalten oder seine Gesundheit wiederherzustellen.

❖

Gedanken der Einkehr

Es ist wichtig, daß wir uns für unsere Gefühle öffnen. Viele Menschen bewerten bestimmte Gefühle negativ. Sie sagen mir, daß sie nicht wütend sein *sollten,* aber sie empfinden nun einmal Wut. Sie versuchen, ihre Gefühle zu kontrollieren. Seien Sie sanft und geduldig mit sich, während Sie durchs Leben gehen und Ihre Lektionen lernen.

LOUISE L. HAY

26. WOCHE

Gedanken der Einkehr

AFFIRMATION

❖

Rings um mich sehe
ich immer nur Harmonie.
Ich bin stets
sicher und geborgen.

❖

27. WOCHE

Gedanken des Wandels

Je mehr ich mich mit dem reinen Geist in mir verbinde, desto freier werde ich in allen Bereichen meines Lebens. Ich kann mich bewußt entscheiden, jener Teil meines Geistes zu sein, der vollkommen frei ist. Wenn ich in einem Lebensbereich frei sein kann, dann kann ich in vielen Bereichen frei sein. Ich bin bereit für die Freiheit. Jener reine Geist in mir versteht es, mich auf positive Wege zu führen. Ich vertraue meinem geistigen Wesenskern und weiß, daß ich gefahrlos meine Freiheit genießen kann. Meine Liebe zu mir selbst macht mich frei. Diese Liebe lasse ich so frei wie möglich fließen. Freiheit ist schön und ungefährlich. So sei es.

LOUISE L. HAY

27. WOCHE

Gedanken des Wandels

AFFIRMATION

Freiheit ist mein göttliches Recht.

Gedanken der Einkehr

Es ist ein wunderbares Gefühl, daß wir nicht von anderen Menschen abhängig sind, sondern über ein enormes Potential verfügen, selbst unser Leben zum Besseren zu verändern. Manche Menschen fürchten sich vielleicht vor dieser Freiheit, weil sie eine große Verantwortung mit sich bringt. Aber Verantwortung bedeutet lediglich, daß wir in der Lage sind, angemessen auf das Leben zu reagieren. Indem wir neue Denk- und Verhaltensmuster erlernen und praktizieren, tragen wir auf harmonische Weise zur Schaffung einer neuen Weltordnung bei.

LOUISE L. HAY

Gedanken der Einkehr

AFFIRMATION

❖

In meiner geistigen Mitte finde ich mit Leichtigkeit Antworten auf meine Fragen.

❖

Gedanken des Wandels

Ich habe einmal eine Definition von Gesundheit gehört, die ich sehr sinnvoll finde: Gute Gesundheit bedeutet, frei von Erschöpfung zu sein, sich eines gesunden Appetits zu erfreuen, mit Leichtigkeit einzuschlafen und erfrischt aufzuwachen, ein gutes Gedächtnis und Sinn für Humor zu haben, klar und präzise zu denken und zu handeln und aufrichtig, bescheiden, dankbar und liebevoll zu sein. Wie gesund sind Sie?

LOUISE L. HAY

Gedanken des Wandels

AFFIRMATION

❖

Mein Körper, mein Geist
und meine Seele
sind ein gesundes Team.

❖

2 8 . W O C H E

Gedanken der Einkehr

Es ist herrlich, positiv zu sein. Es ist auch herrlich, sich seinen Gefühlen zu öffnen und sie wirklich zu erleben. Die Natur hat Ihnen Gefühle geschenkt, um Ihnen durch bestimmte Erfahrungen hindurchzuhelfen. Wenn Sie Ihre Gefühle leugnen, vergrößert das nur den Schmerz. Denken Sie daran, daß der Tod kein Versagen bedeutet. Wir alle sterben; das gehört untrennbar zum Leben dazu.

LOUISE L. HAY

28. WOCHE

Gedanken der Einkehr

AFFIRMATION

❖

Ständig offenbaren sich mir neue Einsichten über die Welt und unser Leben.

❖

Gedanken des Wandels

Wut ist normal und natürlich. Sie ist ein Abwehrmechanismus. Sie nehmen eine abwehrende Haltung ein, wenn Sie sich fürchten. Wenn Sie wütend werden, sollten Sie diese Wut körperlich abreagieren. Schlucken Sie Ihren Ärger nicht hinunter, weil er sich dann in Ihrem Körper festsetzt. Unterdrückte Wut tendiert dazu, sich in einem von Ihnen bevorzugten Bereich Ihres Körpers festzusetzen und sich dort als Krankheit zu manifestieren. Lassen Sie Ihre wahren Gefühle also lieber heraus.

Es gibt verschiedene Methoden, Wut auf positive Weise abzureagieren. Sie können in Ihrem Auto bei geschlossenen Fenstern herumschreien. Sie können auf Ihr Bett eindreschen oder gegen ein Kissen treten, um die physischen Spannungen zu lösen, die sich in Ihrem Körper angesammelt haben. (Ich rate Ihnen, das regelmäßig, mindestens einmal pro Woche zu tun, auch wenn Sie nicht das Gefühl haben, wütend zu sein.) Sie können joggen oder eine andere anstrengende Sportart betreiben, die Ihnen hilft, überschüssige Energie loszuwerden, zum Beispiel Tennis. Sie können in ein Kissen schreien. Aber verschaffen Sie sich auf jeden Fall ein gesundes Ventil für Ihre Wut.

LOUISE L. HAY

29. WOCHE

Gedanken des Wandels

AFFIRMATION

❖

Wut ist normal und natürlich. Ich verleihe meiner Wut auf angemessene Weise Ausdruck.

❖

Gedanken der Einkehr

Was hätten Sie gerne von Ihren Eltern gehört, als Sie Kind waren? Was haben sie nie zu Ihnen gesagt, obwohl Sie es so gerne gehört hätten? Nutzen Sie jetzt die Gelegenheit, genau das, was Sie damals so gern von Ihren Eltern hören wollten, selbst zu Ihrem inneren Kind zu sagen! Sagen Sie es einen Monat lang jeden Tag zu Ihrem inneren Kind, und schauen Sie dabei in den Spiegel. Die Wirkung wird erstaunlich sein.

LOUISE L. HAY

29. WOCHE

Gedanken der Einkehr

AFFIRMATION

Der Kraftpunkt liegt immer in der Gegenwart. Ich lebe in der Gegenwart, freudig und frei.

Gedanken des Wandels

Sie wissen nicht, welche spirituelle Lektion andere Menschen lernen müssen, und Sie haben kein Recht dazu, sich in ihr Leben einzumischen. Schließlich wollen Sie doch auch nicht, daß das jemand bei Ihnen tut. Wenn jemand krank ist, sollten Sie ihn oder sie segnen und gedanklich Liebe und Frieden wünschen, aber beharren Sie nicht darauf, daß er oder sie wieder gesund wird.

LOUISE L. HAY

30. WOCHE

Gedanken des Wandels

AFFIRMATION

❖

Ich gestatte es anderen Menschen, Ihren eigenen Weg zu gehen.

❖

Gedanken der Einkehr

In der Werbung versucht man uns einzureden, daß wir erst dann gut genug und für andere akzeptabel seien, wenn wir diese und jene Produkte kaufen. Die uns einengende Botschaft, wir seien so, wie wir sind, nichts wert, erreicht uns auf vielen Wegen. Doch es ist völlig gleichgültig, was andere Menschen uns einreden wollen. Entscheidend ist, wie wir darauf reagieren und was wir von uns selbst denken.

LOUISE L. HAY

30. WOCHE

Gedanken der Einkehr

AFFIRMATION

❖

Ich lasse es jetzt geschehen, daß die Liebe aus meinem Herzen mich durchströmt und all meine Emotionen heilt.

❖

Gedanken des Wandels

Hinweise zum liebevollen Umgang mit sich selbst

von LOUISE L. HAY

1. HÖREN SIE AUF, SICH SELBST ZU KRITISIEREN. Akzeptieren Sie sich so, wie Sie sind. Alle Menschen ändern sich ständig. Wenn Sie sich selbst kritisieren, werden diese Veränderungen negativ sein. Wenn Sie sich selbst loben, verändern Sie sich positiv.

2. JAGEN SIE SICH SELBST KEINE ANGST EIN. Terrorisieren Sie sich nicht länger mit Ihren Gedanken. So zu leben ist einfach furchtbar. Wählen Sie ein mentales Bild, das Sie in eine freudige Stimmung versetzt (bei mir sind das zum Beispiel gelbe Rosen) und schalten Sie von einem angstmachenden Gedanken sofort auf einen angenehmen, erfreulichen um.

3. Seien Sie sanft, freundlich und geduldig mit sich, während Sie Ihr Denken in neue Bahnen lenken. Behandeln Sie sich wie jemanden, den Sie wirklich lieben.

4. Seien Sie nett zu Ihren Gedanken. Selbsthaß bedeutet lediglich, daß Sie Ihre eigenen Gedanken hassen. Hassen Sie sich nicht, weil Sie bestimmte Gedanken haben. Ändern Sie diese Gedanken behutsam.

5. Loben Sie sich. Kritik schwächt Ihren inneren Geist. Lob stärkt ihn. Loben Sie sich, so oft Sie können. Sagen Sie sich immer wieder, wie gut Sie Ihre Aufgaben bewältigen.

6. Unterstützen Sie sich selbst, so gut es geht. Lassen Sie sich, wenn nötig, von Freunden helfen. Um Hilfe zu bitten, wenn man sie braucht, ist ein Zeichen von Stärke.

7. Gehen Sie liebevoll mit Ihren Schwächen um. Akzeptieren Sie, daß Ihre Schwächen Ihnen dazu dienen, bestimmte Bedürfnisse zu befriedigen. Finden Sie neue, positive Wege zur Befriedigung dieser Bedürfnisse, und befreien Sie sich behutsam von den alten, negativen Mustern.

8. Achten Sie auf Ihren Körper. Informieren Sie sich über gesunde Ernährung. Welche Lebensmittel benötigt Ihr Körper für ein Optimum an Energie und Vitalität? Welche Art der Körperertüchtigung macht Ihnen Freude? Sorgen Sie gut für den Tempel, in dem Sie leben.

9. Arbeiten Sie mit dem Spiegel. Schauen Sie sich oft in die Augen. Schauen Sie in den Spiegel und vergeben Sie sich. Sprechen Sie vor dem Spiegel gedanklich oder laut mit Ihren Eltern. Vergeben Sie auch ihnen. Sagen Sie mindestens einmal täglich zu sich: »Ich liebe dich. Ich liebe dich wirklich.«

10. Tun Sie es jetzt. Warten Sie nicht, bis es Ihnen besser geht, bis Sie endlich schlanker sind, eine neue Arbeitsstelle oder einen neuen Partner haben. Beginnen Sie jetzt gleich mit der Arbeit an sich – und geben Sie dabei Ihr Bestes.

31. WOCHE

Gedanken des Wandels

AFFIRMATION

❖

Alle Menschen
in meiner Umgebung
spiegeln wider,
wie sehr ich mich
selbst liebe.

❖

Gedanken der Einkehr

Kleine Kinder sagen nie: »Oh, meine Hüften sind zu breit!« Oder: »Meine Nase ist zu lang.« Sie wissen, wie vollkommen sie sind, und sie akzeptieren sich selbst bedingungslos. Wir alle empfanden einmal wie sie.

LOUISE L. HAY

31. WOCHE

Gedanken der Einkehr

AFFIRMATION

❖

Ich liebe mich
genau so,
wie ich bin.

❖

Gedanken des Wandels

Manchmal fühlen wir uns unfähig, eine Entscheidung zu treffen. Doch alles, was Ihnen täglich geschieht, ist Folge von Entscheidungen, die Sie selbst getroffen haben. Sie entscheiden selbst, wie Sie auf Ihre Umwelt reagieren. Was auch immer Ihre Familie oder die Gesellschaft Ihnen einzureden versuchen, es kommt allein darauf an, wie *Sie* darauf reagieren, und ob Sie die Ansichten anderer überhaupt für sich übernehmen.

LOUISE L. HAY

3 2. W O C H E

Gedanken des Wandels

A F F I R M A T I O N

❖

Jede meiner Entscheidungen dient meinem Wohl und dem Wohl aller Beteiligten.

❖

Gedanken der Einkehr

All der unglaubliche Reichtum dieser Welt wartet nur darauf, daß Sie ihn genießen. Es gibt mehr Geld, als Sie je ausgeben können, mehr Menschen, als Sie je treffen können, und mehr Freuden, als Sie es sich je vorstellen können. Sie verdienen es, daß Ihre Wünsche wahr werden und Sie alles haben, was Sie zum Leben brauchen.

LOUISE L. HAY

32. WOCHE

Gedanken der Einkehr

AFFIRMATION

❖

Ich habe unbegrenzte Möglichkeiten, in meinem Leben Gutes zu erschaffen.

❖

Gedanken des Wandels

Heute ist ein neuer, kostbarer Tag auf Erden. Wir begrüßen ihn voller Freude. Dieser Tag bringt uns nur angenehme Erfahrungen. Ich weiß, daß ich auf diesem Planeten nicht allein bin. Alle Menschen, Orte und Dinge sind miteinander verbunden. Was einem Menschen schadet, schadet auch allen anderen. Daher hilft das, was einen Menschen heilt, auch bei der Heilung von uns allen. Wenn wir bereit sind, einander Liebe und Unterstützung zu schenken, tragen wir damit zur Heilung des ganzen Planeten bei. Wir sind Liebe. Wir teilen unsere Liebe mit anderen. Und wir werden durch die Liebe geheilt. Wir sind immer vereint mit jener Macht, die uns erschaffen hat. Wir sind beschützt und geborgen und alles ist gut in unserer Welt!

LOUISE L. HAY

3 3 . W O C H E

Gedanken des Wandels

A F F I R M A T I O N

❖

Heute teile ich meine Freude mit jedem Menschen, der mir begegnet.

❖

Gedanken der Einkehr

Wenn wir uns als Opfer fühlen, neigen wir dazu, uns von anderen zu isolieren. Wir empfinden Schmerz und Angst, und wir suchen ständig nach Menschen, die uns retten und unsere Probleme für uns lösen. Doch jeder Mensch besitzt die Fähigkeit, diese Opferrolle aufzugeben, seine persönliche Kraft zu entdecken und die Verantwortung für sein Leben selbst zu übernehmen.

LOUISE L. HAY

33. WOCHE

Gedanken der Einkehr

AFFIRMATION

Ich mache aus jeder Situation das Beste.

Gedanken des Wandels

All Ihre zwischenmenschlichen Beziehungen sind wichtig, weil sich in ihnen widerspiegelt, welche Meinung Sie von sich haben. Wenn Sie sich mit ständigen Selbstvorwürfen quälen und glauben, daß Sie immer alles falsch machen oder immer Opfer sind, dann ziehen Sie ständig Menschen an, von denen Sie in diesem Glauben bestärkt werden.

Glauben Sie dagegen, daß eine höhere Macht Sie mit wahrhaft liebevollen Menschen umgibt und alle Menschen nur Gutes in Ihr Leben bringen, dann werden Ihre zwischenmenschlichen Beziehungen genau diesem Glauben entsprechen.

LOUISE L. HAY

3 4 . W O C H E

Gedanken des Wandels

A F F I R M A T I O N

Meine sämtlichen zwischenmenschlichen Beziehungen basieren auf bedingungsloser Liebe.

Gedanken der Einkehr

Seit Anbeginn der Zeiten hat es nie einen Menschen wie Sie gegeben. Mit wem wollen Sie sich also vergleichen oder messen?

LOUISE L. HAY

3 4 . W O C H E

Gedanken der Einkehr

A F F I R M A T I O N

❖

Ich bin stark und sicher.
Ich treffe
immer für mich richtige
Entscheidungen.

❖

Gedanken des Wandels

Im Gegensatz zu den Kindern sorgen wir Erwachsene uns ständig, was wohl die Nachbarn von uns denken könnten. Wir fragen uns: »Akzeptieren Sie mich so, wie ich bin?« Doch jeder Mensch ist einzigartig und anders als alle anderen, und so soll es auch sein. Wenn wir genau wie die anderen zu sein versuchen, verstecken wir unsere Einzigartigkeit vor der Welt.

LOUISE L. HAY

35. WOCHE

Gedanken des Wandels

AFFIRMATION

❖

Ich feiere das Besondere an mir.

❖

Gedanken der Einkehr

Menschen, die bereit sind, selbst Verantwortung für ihr körperliches Wohlbefinden zu übernehmen, sollten sich eingehend mit gesunder Ernährung befassen. Ernährungsfachleute und Vertreter alternativer Therapien stimmen darin überein, daß bei unserer Ernährung die Betonung auf frischem Gemüse und Obst, Vollkorngetreide, sowie etwas Fisch und Geflügel liegen sollte. Die Zellen unseres Körpers lieben diese Art Nahrung, denn sie enthält alle Elemente, die für die Gesunderhaltung und Erneuerung unserer Organe und Zellen benötigt werden. Essen Sie öfter zu Hause. Gönnen Sie sich gesunde, liebevoll selbst zubereitete Mahlzeiten.

LOUISE L. HAY

Gedanken der Einkehr

AFFIRMATION

❖

Ich achte sorgfältig darauf, welche Nahrung ich meinem Körper zuführe.

❖

Gedanken des Wandels

Wie denken Sie über Ihre Arbeit? Sehen Sie in ihr eine lästige Pflicht, oder ist sie etwas, das Sie wirklich gern und mit Freude tun? Bejahen Sie von jetzt an, daß Ihre Arbeit für Sie wirklich erfüllend ist. Sie macht Ihnen viel Freude. Wenn Sie arbeiten, zapfen Sie die kreative Energie des Universums an und lassen Sie auf eine Weise wirksam werden, die Ihnen wahre Erfüllung bringt. Bejahen (affirmieren) Sie immer sofort diese tiefe Wahrheit, wenn sich negative Gedanken bezüglich Ihrer Arbeit einstellen.

LOUISE L. HAY

Gedanken des Wandels

AFFIRMATION

❖

Ich arbeite
in einem Beruf, der
mir wirklich
Freude macht.

❖

Gedanken der Einkehr

Wenn Sie dort arbeiten, wo es Liebe, Freude und Lachen gibt und wo man Ihren Einsatz zu schätzen weiß, werden Sie Ihre Sache wirklich gut machen und sich doppelt anstrengen. Sie werden an sich mehr Talente und Fähigkeiten entdecken, als Sie je für möglich gehalten hätten.

LOUISE L. HAY

Gedanken der Einkehr

AFFIRMATION

❖

*Voller Begeisterung
mache ich Gebrauch von
meinen Talenten
und bin in Harmonie mit
allem Lebendigen.*

❖

Gedanken des Wandels

Damit Sie Ihre innere Kraft optimal nutzen können, ist es absolut notwendig, für ausreichende Entspannung zu sorgen, denn durch Verspanntheit und Ängstlichkeit blockieren Sie Ihre Energie. Es genügen ein paar Minuten täglich, um Körper und Geist zu beruhigen und entspannen. Jederzeit können Sie ein paarmal tief durchatmen, dabei die Augen schließen und Verspannungen lösen. Suchen Sie beim Ausatmen Ihre Mitte und sagen Sie sich: *Ich liebe dich. Alles ist gut.*

LOUISE L. HAY

37. WOCHE

Gedanken des Wandels

AFFIRMATION

Ich ruhe sicher
in meiner Mitte und
vertraue auf
meine reiche innere
Weisheit.

Gedanken der Einkehr

Wenn Sie vor dem Spiegel mit Ihren Affirmationen arbeiten, sollten Sie stets Papier und Bleistift bereithalten, damit Sie negative Botschaften notieren können, die Ihnen beim Wiederholen der Affirmationen durch den Kopf gehen. Sie brauchen diese Botschaften nicht sofort auszuwerten. Setzen Sie sich später in Ruhe hin, gehen Sie Ihre Liste negativer Gedanken durch und überlegen Sie, warum Ihre Wünsche noch nicht verwirklicht sind. Nur wenn Sie sich Ihre negativen Denkmuster bewußtmachen, können Sie sie verändern.

LOUISE L. HAY

37. WOCHE

Gedanken der Einkehr

AFFIRMATION

❖

Ich lasse meine Gedanken frei fließen und bejahe das Positive.

❖

Gedanken des Wandels

Viele Menschen wissen nicht, wie wichtig der Schlaf für uns ist. Der Schlaf ist für unsere Erholung unverzichtbar, und wir sollten unbedingt positive Gedanken in den Schlafzustand mitnehmen. Wie oft sind Sie schon wütend oder voller Schuldgefühle zu Bett gegangen? Versetzen Sie sich vor dem Einschlafen in eine friedliche Stimmung und entspannen Sie Körper und Geist.

LOUISE L. HAY

3 8. W O C H E

Gedanken des Wandels

A F F I R M A T I O N

❖

Ich schlafe immer gut und wache ausgeruht auf.

❖

Gedanken der Einkehr

So wie die Natur sich im Wechsel der Jahreszeiten wandelt, verändere auch ich mich. Wie das Laub immer zur rechten Zeit von den Bäumen fällt, fallen auch von mir alte Gewohnheiten und Glaubenssätze ab, die mir nicht länger dienlich sind. Ich muß mich nicht krampfhaft um positive Veränderungen bemühen. Wenn ich es zulasse, geschieht dieser Wandel zum Besseren ganz von allein. Mich von Altem, Abgelebtem zu trennen, fällt mir leicht.

LOUISE L. HAY

Gedanken der Einkehr

AFFIRMATION

❖

Ich trenne mich
mit Leichtigkeit von alten
Gewohnheiten
und Glaubenssätzen.
Ich bin offen für positive
Veränderungen.

❖

Gedanken des Wandels

Wenn ich mit anderen darüber rede, wie wir mehr für den Planeten tun können, fühlen sie sich oft überwältigt von all den Problemen, denen wir uns heute gegenübersehen. Es scheint ihnen, daß der einzelne dagegen gar nichts ausrichten kann. Doch das ist nicht wahr. Wenn jeder von uns ein bißchen tut, kann das eine Menge bewirken. Mag sein, daß die Veränderung nicht sofort für Sie sichtbar ist, aber glauben Sie mir, Mutter Erde spürt, was jeder von uns für sie tut.

LOUISE L. HAY

Gedanken des Wandels

AFFIRMATION

❖

Heute setze ich mich bewußt auf liebevolle Weise für unseren Planeten ein.

❖

Gedanken der Einkehr

Eine Tragödie kann sich als wahrer Segen für uns erweisen, wenn wir sie als Lernerfahrung begreifen, an der wir wachsen können.

LOUISE L. HAY

39. WOCHE

Gedanken der Einkehr

AFFIRMATION

❖

Ich atme tief und frei. Ich vertraue dem Leben.

❖

Gedanken des Wandels

Wir kommen auf die Welt, ausgestattet mit allem, was wir brauchen, um ein reiches, erfülltes Leben zu führen. Wir haben genug Weisheit. Wir haben genug Wissen. Wir haben genug Fähigkeiten und Talente. Wir haben genug Liebe und Emotionen. Das Leben unterstützt uns und sorgt für uns. Wir brauchen nur darauf zu vertrauen, daß es so ist.

LOUISE L. HAY

4 0 . W O C H E

Gedanken des Wandels

A F F I R M A T I O N

❖

Ich vertraue darauf,
daß das Leben
mir nur gute und positive
Erfahrungen bringt.

❖

Gedanken der Einkehr

Die Erfahrungen, die wir im Leben machen, brauchen keine schwere Bürde für uns zu sein. Sie können einfach nur Erfahrungen sein. Bestimmte Dinge im Leben sind normal und natürlich. Unsere Geburt, Erwachsenwerden, Verliebtsein, Trennungen, Arbeit finden, eine Arbeit beenden, Heiraten, Kinder bekommen, der Tod uns nahestehender Menschen, und schließlich unser eigener Tod.

LOUISE L. HAY

40. WOCHE

Gedanken der Einkehr

AFFIRMATION

❖

Ich danke dem Leben für seine Großzügigigkeit. Ich bin gesegnet.

❖

Gedanken des Wandels

Was ist bedingungslose Liebe? Einfach ausgedrückt, ist es die Fähigkeit, uns selbst und andere zu lieben, ohne diese Liebe von irgendwelchen Regeln oder Anforderungen abhängig zu machen. Bedingungslose Liebe ist ein Idealzustand, nach dem der ganze Planet strebt. Sie bedeutet, uns selbst, andere Menschen und das Leben ohne jedes Werturteil zu akzeptieren.

LOUISE L. HAY

4 1 . W O C H E

Gedanken des Wandels

A F F I R M A T I O N

❖

Ich betrachte alles um mich herum mit bedingungsloser Liebe.

❖

Gedanken der Einkehr

Ich liebe und akzeptiere mich genau so, wie ich bin. Ich unterstütze mich, vertraue mir und akzeptiere mich, wo immer ich gerade in meiner Entwicklung stehe. Ich weiß, ich habe allen Grund, mich hier und jetzt zu mögen. Ich akzeptiere meinen Körper, mein Gewicht, meine Größe, mein Geschlecht und meine Erfahrungen. Ich akzeptiere alles, was ich für mich selbst erschaffen habe. Ich bin bereit für die Zukunft. Ich bin ein Göttlicher, Wunderbarer Ausdruck des Lebens, und ich verdiene nur das Beste. Ich bin wertvoll und achte mich. So sei es.

LOUISE L. HAY

41. WOCHE

Gedanken der Einkehr

AFFIRMATION

❖

*Für alle meine
Bedürfnisse und Wünsche
ist bestens gesorgt,
noch ehe ich darum bitte.
Alles ist gut
in meiner Welt.*

❖

Gedanken des Wandels

Zuzugeben, daß man Hilfe benötigt, ist ein Zeichen von Stärke. So viele von Ihnen haben gelernt, sich immer nur auf sich selbst zu verlassen. Ihr Ego läßt es nicht zu, daß Sie anderen Ihre Hilfsbedürftigkeit eingestehen. Statt immer alles allein schaffen zu wollen und dann wütend auf sich zu sein, wenn Ihnen das nicht gelingt, sollten Sie beim nächsten Mal den Mut haben, andere um Hilfe zu bitten.

LOUISE L. HAY

42. WOCHE

Gedanken des Wandels

AFFIRMATION

Ich nehme die Hilfe anderer dankbar und voller Liebe an.

Gedanken der Einkehr

Geben Sie sich nicht einfach mit irgend jemandem zufrieden, bloß um nicht allein zu sein. Überlegen Sie, welche Ansprüche Sie an einen Menschen haben. Welche Art von Partner bzw. Partnerin wünschen Sie sich? Erstellen Sie eine Liste jener Eigenschaften, die Sie bei ihm oder ihr erwarten. Entwickeln Sie dann selbst diese Eigenschaften. So werden Sie einen Menschen anziehen, der sie ebenfalls besitzt.

LOUISE L. HAY

42. WOCHE

Gedanken der Einkehr

AFFIRMATION

❖

Wohin ich auch gehe, stets erfahre ich Liebe. Ich bin von liebevollen Menschen umgeben, und es fällt mir leicht, anderen meine Liebe zu zeigen.

❖

4 3 . W O C H E

Gedanken des Wandels

Das Leben kann für uns der Himmel auf Erden sein. Ich sehe eine Gemeinschaft spirituell gesinnter Seelen, die gemeinsam lernen, sich austauschen und ihre Energien in die Welt ausstrahlen - wobei jede einzelne von ihnen frei ist, ihren eigenen Weg zu gehen, und sich schließlich doch alle zusammenfinden, weil so eine jede besser ihre Bestimmung erfüllen kann.

Ich sehe, wie wir dahin geführt werden, den neuen Himmel auf Erden zu erschaffen, gemeinsam mit anderen Menschen, die den gleichen Wunsch haben, sich und allen anderen zu beweisen, daß dieser Himmel hier und jetzt Wirklichkeit werden kann. Wir leben harmonisch, liebevoll, friedlich zusammen und verwirklichen so in unserem Leben den Willen Gottes.

Wir können eine Welt erschaffen, in der die Förderung seelischen Wachstums das wichtigste Ziel ist, die vordringlichste Aufgabe jedes Menschen. Jeder erhält die Chance für kreativen Selbstausdruck auf dem Gebiet, das er für sich bevorzugt.

Geldverdienen wird für niemanden mehr eine mühsame Plackerei sein. Alles, was wir brauchen, werden wir durch unsere inneren Kräfte materialisieren können. Erziehung und Ausbildung wird zum Ziel haben, uns zur bewußten Erkenntnis dessen zu verhelfen, was wir bereits seit jeher wissen. Es gibt keine Krankheiten, keine Armut, keine Verbrechen, keinen Betrug mehr. Die Welt der Zukunft beginnt jetzt, hier, bei jedem einzelnen von uns. Und so sei es.

LOUISE L. HAY

4 3 . W O C H E

Gedanken des Wandels

A F F I R M A T I O N

❖

Indem wir der Welt Liebe schenken, erschaffen wir eine wunderschöne Zukunft.

❖

Gedanken der Einkehr

Manche Menschen setzen sich selbst Grenzen, indem Sie behaupten, mit einem bestimmten Einkommen auskommen zu müssen. Aber wer hat diese Summe festgesetzt? Manche Menschen denken, sie dürften nicht mehr als ihr Vater verdienen oder einen höheren Lebensstandard als ihre Eltern haben. Nun, es ist sehr wohl möglich, seine Eltern zu lieben und dennoch ein höheres Einkommen als sie zu haben. Es gibt nur Ein Unendliches Universum, und aus ihm kommen alle Einkünfte, die einem Menschen zufließen können. Die Höhe Ihres jetzigen Einkommens wird von Ihren Glaubenssätzen und Ihrem Selbstwertgefühl bestimmt. Woran Sie glauben, entscheidet über Ihre Lebensverhältnisse. Es geht nicht darum, daß Sie durch besondere Leistungen etwas ›bekommen‹, sondern um Ihre Bereitschaft, Gutes zu akzeptieren.

LOUISE L. HAY

43. WOCHE

Gedanken der Einkehr

AFFIRMATION

Ich akzeptiere, daß ich in finanzieller Hinsicht stets gut versorgt bin.

Gedanken des Wandels

Ich glaube nicht an zwei gegensätzliche Kräfte, an Gut und Böse. Ich glaube, es gibt nur einen Unendlichen Geist. Und es gibt uns Menschen, die wir die Möglichkeit haben, unsere Intelligenz und Weisheit und die Talente, die uns mitgegeben wurden, auf jede von uns gewünschte Weise einzusetzen. Wir machen es uns viel zu leicht, wenn wir sagen: »Der Teufel ist verantwortlich.« »Die anderen sind schuld.« In Wahrheit sind immer *wir selbst* verantwortlich.

LOUISE L. HAY

Gedanken des Wandels

AFFIRMATION

❖

Ich vertraue auf mich
und stelle mich
meiner Verantwortung.

❖

Gedanken der Einkehr

Sagen Sie: »Ich bin bereit, mich zu ändern.« Zögern Sie? Haben Sie das Gefühl, daß Sie nicht wirklich bereit dazu sind? Welche Ihrer Überzeugungen steht Ihnen dabei im Weg? Denken Sie daran: Alle Ihre Überzeugungen sind nur Gedanken, und Gedanken kann man verändern.

LOUISE L. HAY

44. WOCHE

Gedanken der Einkehr

AFFIRMATION

❖

Ich übernehme die volle Verantwortung für alle Bereiche meines Lebens.

❖

Gedanken des Wandels

Alles, was Sie tun, basiert auf Ihren eigenen Entscheidungen. Das ist so, auch wenn es Ihnen anfangs schwerfällt, diesen Gedanken zu akzeptieren. Wenn Sie die Formulierung »ich muß...« aus Ihrem Vokabular streichen und sie durch »ich entscheide mich dafür...« ersetzen, werden Sie dadurch Ihr Leben in einem völlig neuen Licht sehen.

LOUISE L. HAY

4 5 . W O C H E

Gedanken des Wandels

A F F I R M A T I O N

❖

Ich treffe
immer die richtige Wahl
für mich.

❖

Gedanken der Einkehr

Denken Sie daran, daß jede Entscheidung, die Sie treffen, sich auch auf Ihre Umwelt auswirkt. Wenn es Ihnen schwerfällt, zu einem Entschluß zu kommen, sollten Sie sich die Zeit nehmen, Ihre innere Führung um Rat zu fragen. Sich für eine Entscheidung ein bißchen mehr Zeit zu nehmen, ist oft das Beste, was Sie tun können.

LOUISE L. HAY

4 5 . W O C H E

Gedanken der Einkehr

A F F I R M A T I O N

❖

*Ich bin ein entscheidungs-
freudiger Mensch.
Ich verfolge meine Ziele
beharrlich. Meine
Liebe verleiht mir Kraft
und Ausdauer.*

❖

Gedanken des Wandels

Ganz gleich, wie spirituell Sie sein mögen, Geschirrspülen müssen Sie trotzdem. Wenn Sie sagen: »Oh, dafür bin ich zu metaphysisch«, stapeln sich irgendwann Berge von schmutzigem Geschirr in Ihrer Küche. Genauso ist es auch mit Ihren Gefühlen. Wenn Sie möchten, daß Ihr Geist frei fließen kann, müssen Sie ab und zu Ihr inneres geistiges Geschirr spülen.

LOUISE L. HAY

4 6 . W O C H E

Gedanken des Wandels

A F F I R M A T I O N

❖

Ich mache regelmäßig ›inneren Hausputz‹, werfe die Gedanken, die ich nicht länger gebrauchen kann, hinaus und ersetze sie durch neue, positive.

❖

Gedanken der Einkehr

Sie haben in sich die Kraft, Ihr Leben zu heilen, und es ist wichtig, daß Sie sich dessen bewußt sind. So oft glauben wir, hilflos zu sein, aber wir sind nicht hilflos. Wir haben unseren Geist. Ihr Geist ist ein sehr wirkungsvolles Werkzeug. Sie besitzen die geistige Fähigkeit, sich vorzustellen, daß die Dinge sich bestens entwickeln. Bejahen Sie von jetzt an nachdrücklich, daß Sie immer mit der Einen Kraft und Intelligenz verbunden sind, von der Sie erschaffen wurden. Sie verdienen ein wunderschönes Leben.

LOUISE L. HAY

4 6 . W O C H E

Gedanken der Einkehr

A F F I R M A T I O N

❖

*Ich habe die Freiheit,
mich für ein
wunderschönes Leben
zu entscheiden.*

❖

Gedanken des Wandels

Das Leben hat seine eigenen Gesetze. Wenn wir dankbar sind für das Gute in unserem Leben, wie wenig es auch immer sein mag, schenkt das Leben uns *mehr* Gutes. Dankbaren Beschenkten wird gern noch mehr geschenkt.

LOUISE L. HAY

47. WOCHE

Gedanken des Wandels

AFFIRMATION

Ich bin immer dankbar für die ganze Fülle des Lebens.

Gedanken der Einkehr

Es gibt in Ihnen eine unglaubliche Kraft und Intelligenz, die ständig auf Ihre Gedanken und Worte reagiert. Indem Sie lernen, Ihre Gedanken bewußt zu kontrollieren, machen Sie diese Kraft zu Ihrem Verbündeten.

LOUISE L. HAY

47. WOCHE

Gedanken der Einkehr

AFFIRMATION

❖

Meine Gedanken sind schöpferisch. Ich bin immer offen für neue Einsichten und Erkenntnisse.

❖

Gedanken des Wandels

Wo auch immer Sie gegenwärtig im Leben stehen mögen – Sie geben stets Ihr Bestes, entsprechend dem Wissen und den Einsichten, über die Sie zum jetzigen Zeitpunkt verfügen.

LOUISE L. HAY

48. WOCHE

Gedanken des Wandels

AFFIRMATION

❖

Ständig vertiefe ich mein Verständnis und erweitere mein Bewußtsein.

❖

Gedanken der Einkehr

Ganz gleich, ob Sie Bankier, Tellerwäscher, Hausfrau oder Seemann sind, Sie besitzen innere Weisheit, und diese Weisheit steht in Verbindung zur Universalen Wahrheit. Wenn Sie bereit sind, nach innen zu blicken und zu fragen: »Was muß ich jetzt im Moment wissen?«, werden Sie eine Antwort erhalten.

LOUISE L. HAY

48. WOCHE

Gedanken der Einkehr

AFFIRMATION

❖

Mir ist keine Arbeit zu gering oder zu schwer. Wenn etwas getan werden muß, dann tue ich es.

❖

49. WOCHE

Gedanken des Wandels

Manche Menschen lassen sich, auch wenn sie schon längst erwachsen sind, immer noch von ihren Verwandten und Freunden manipulieren. Der Grund dafür ist, daß diese Menschen ein zu geringes Selbstwertgefühl besitzen und nicht genug auf ihre eigenen Bedürfnisse achten. Wenn es Ihnen schwerfällt, nein zu sagen, dann üben Sie es jetzt. Sagen Sie einfach: »Nein. Nein, ich werde das nicht tun.« Suchen Sie nicht nach Entschuldigungen – derjenige, der Sie zu manipulieren versucht, wird solche Ausflüchte nur als Munition benutzen, um Sie doch noch zu überreden. Wenn die anderen merken, daß Sie sich nicht manipulieren lassen, werden sie es künftig nicht mehr bei Ihnen versuchen. Andere Menschen haben nur Macht über Sie, wenn Sie selbst es zulassen. Wenn Sie das erste Mal nein sagen, kann es sein, daß Sie sich hinterher schuldig fühlen; doch Sie werden feststellen, daß es Ihnen mit der Zeit leichterfällt.

LOUISE L. HAY

49. WOCHE

Gedanken des Wandels

AFFIRMATION

❖

Ich akzeptiere nur, was wirklich gut für mich ist.

❖

Gedanken der Einkehr

Alles in unserem Leben ist wie ein Spiegel. Wenn uns in der Außenwelt etwas Unerfreuliches zustößt, müssen wir nach innen blicken und uns fragen: »Wie habe ich zu diesem Erlebnis beigetragen? Was in mir glaubt, daß ich eine solche Erfahrung verdient habe?«

LOUISE L. HAY

4 9 . W O C H E

Gedanken der Einkehr

A F F I R M A T I O N

Ich gebe dem Leben
genau das,
was ich auch mir
selbst gebe.

5 0 . W O C H E

Gedanken des Wandels

Tun Sie nichts, bei dem Sie ein schlechtes Gefühl haben oder befürchten, es hinterher zu bereuen. Wenn Sie in der Vergangenheit etwas getan haben, weswegen Sie sich heute noch schuldig fühlen, dann sollten Sie sich selbst vergeben. Tun Sie es nicht wieder und leisten Sie, falls das noch möglich ist, Wiedergutmachung für den damals von Ihnen angerichteten Schaden. Immer wenn sich bei Ihnen Schuldgefühle bemerkbar machen, sollten Sie sich fragen: »Wie ist mein Selbstbild?« »Wessen Erwartungen versuche ich immer noch zu erfüllen?« Achten Sie dann darauf, welche alten Glaubenssätze aus Ihrer Kindheit dabei in Ihnen hochkommen.

LOUISE L. HAY

Gedanken des Wandels

AFFIRMATION

❖

Ich befreie mich jetzt von alten Schuldgefühlen und vergebe mir.

❖

Gedanken der Einkehr

Es gibt viele verschiedene Wege der Heilung. Wenn ein Weg bei Ihnen nicht funktioniert, versuchen Sie es mit einem anderen. Ich kann Ihnen nicht sagen, welcher Weg der richtige für Sie ist. Das müssen Sie selbst herausfinden. Keine Methode, kein Mensch, keine Gruppe ist im Besitz der alleinigen Wahrheit. Sie müssen sich selbst umschauen und darauf vertrauen, daß Ihre innere Weisheit Ihnen den Weg weist.

LOUISE L. HAY

Gedanken der Einkehr

AFFIRMATION

Ich blicke nach innen und finde dort meine Schätze.

Gedanken des Wandels

Ein festlich geschmückter Weihnachtsbaum ist eine schöne Sache. Doch noch wichtiger ist es, daß Sie Ihren Geist mit liebevollen Gedanken schmücken. Das größte Geschenk, daß wir einander machen können, ist das Geschenk der bedingungslosen Liebe. Wenn Sie wissen wollen, was bedingungslose Liebe ist, sollten Sie einmal aufmerksam kleine Kätzchen oder junge Hunde beobachten. Sie geben ihre Liebe, ohne eine Gegenleistung dafür zu fordern. Öffnen Sie also in dieser heiligen, weihnachtlichen Zeit Ihr Herz und lassen Sie Ihre Liebe frei fließen.

LOUISE L. HAY

51. WOCHE

Gedanken des Wandels

AFFIRMATION

❖

*Ich öffne mein Herz
und verschenke
großzügig meine Liebe,
diese kostbare Gabe.*

❖

Gedanken der Einkehr

Ich kooperiere mit dem Leben. Jetzt ist die Zeit der winterlichen Ruhe. Das Land liegt still unter dem Schnee. Die Seen und Teiche sind zugefroren. Und doch ist das Leben unter der Oberfläche weiterhin aktiv. Ich nutze diese Zeit weise, indem ich nach innen blicke und mich meiner geistigen Entwicklung widme.

LOUISE L. HAY

51. WOCHE

Gedanken der Einkehr

AFFIRMATION

❖

Meine eigene Friedfertigkeit sorgt für Frieden in meiner Welt.

❖

Gedanken des Wandels

Wenn Sie Angst haben, dann will diese Angst Sie beschützen. Ist nicht genau das der Zweck der Angst? Wenn Sie sich fürchten, bekommt Ihr Körper einen Adrenalinstoß, damit Sie sich besser vor einer Gefahr schützen können. Sagen Sie zu der Angst: »Ich weiß es zu schätzen, daß du mir helfen möchtest.« Wenden Sie dann zur Beruhigung dieser Angst eine geeignete Affirmation an. Nehmen Sie die Angst zur Kenntnis und danken Sie ihr, aber messen Sie ihr nicht zuviel Bedeutung bei.

LOUISE L. HAY

52. WOCHE

Gedanken des Wandels

AFFIRMATION

❖

Ich bin dankbar für das Wissen, das meine Gedanken mir vermitteln.

❖

Gedanken der Einkehr

Jetzt, wo sich das Jahr dem Ende zuneigt, sollten Sie sich zu all den wundervollen Dingen beglückwünschen, die Sie vollbracht haben. Und verzeihen Sie sich Ihre Fehler. Sie haben wirklich immer Ihr Bestes gegeben. Es war ein Jahr des Wandels und der Einkehr. Alles, was Sie gelernt haben, werden Sie ins Neue Jahr mitnehmen. Was auch geschieht, am wichtigsten ist, daß Sie sich selbst lieben.

LOUISE L. HAY

52. WOCHE

Gedanken der Einkehr

AFFIRMATION

❖

Jeden Tag liebe ich mich ein bißchen mehr.

❖

HEYNE BÜCHER

Norman Vincent Peale

Positive Gedanken für jeden Tag

Eine Auswahl seiner Titel:

Die Wirksamkeit positiven Denkens
Der Weg zum neuen Lebensgefühl
08/9092

Trotzdem positiv
Die Kraft Ihrer Gedanken
08/9511

Was Begeisterung vermag
So erreichen Sie alle Ihre Ziele
08/9518

Du kannst, wenn Du glaubst Du kannst
08/9569

Vergiß das nicht!
Gedanken, die mein Leben bereichert haben – Meditation als Weg
08/9906

Laß Dir erzählen!
Geschichten, die mein Leben bereichert haben – Meditation als Weg
08/9907

Gespräch mit Gott
Gebete und Meditationen, die unser Leben verändert haben
08/9920

Heyne-Taschenbücher